LES
ACTEURS A L'ESSAI,

COMÉDIE-VAUDEVILLE-ÉPISODIQUE EN UN ACTE,

Par MM. Ch. DUPEUTY et F. DE VILLENEUVE.

REPRÉSENTÉE POUR LA PREMIÈRE FOIS, A PARIS, SUR LE THÉATRE DU GYMNASE DRAMATIQUE, LE 19 JUIN 1824.

PRIX : 1 fr. 50 c.

PARIS,

POLLET, LIBRAIRE, ÉDITEUR DE PIÈCES DE THÉATRE, RUE DU TEMPLE, N. 36, VIS-A-VIS CELLE CHAPON.

1824.

PERSONNAGES.		ACTEURS.
M. GERMEUIL, principal actionnaire d'un théâtre de Paris		M. Dormeuil.
ARMAND, son neveu, } comédiens de province.		M. Bernard-Léon jeune.
STÉPHANIE, sa nièce, }		Mlle Lafitte.
DUBOIS, vieux domestique de Germeuil.		M. Préval.

La scène se passe à Paris, dans la maison de M. Germeuil.

Vu au ministère de l'intérieur, conformément à la décision de S. Ex. en date de ce jour.

Paris, le 17 mai 1824.

Par ordre de Son Excellence,

Le chef adjoint au bureau des théâtres,

COUPART.

DAVID, IMPRIMEUR, RUE DU FAUBOURG-POISSONNIÈRE, N° 1.

LES ACTEURS A L'ESSAI,

COMÉDIE-VAUDEVILLE-ÉPISODIQUE.

Le théâtre représente un salon; une porte au fond et deux portes latérales; à la gauche du spectateur, une table à écrire, ou un bureau.

SCÈNE PREMIÈRE.

DUBOIS, *seul.*

Ah! quel ennui que d'être domestique du principal actionnaire d'un des théâtres de Paris!... En vérité, cette maison est comme un petit ministère dont je suis le chef de division... tous les deux jours, il faut répondre à une foule d'importuns... ce sont des souffleurs, des allumeurs, des choristes, des musiciens... des comédiens de province, ou des amateurs de la rue Chantereine... Mais on a frappé, je crois... allons, qui peut venir aujourd'hui?... un moment donc... on n'entre pas.

SCÈNE II.

DUBOIS, ARMAND, STÉPHANIE.

ARMAND, *entr'ouvrant la porte.*
Il n'est pas là... viens, ma sœur... nous pouvons approcher sans crainte.

(*Ils entrent.*

DUBOIS.
Eh bien! ils sont sans gêne, ceux-là.

STÉPHANIE, *bas à Armand.*
Mon frère, le reconnais-tu? c'est Dubois... le vieux domestique de mon oncle.

ARMAND.
Eh! mais en effet...

DUBOIS.

Eh bien! voyons, que me demandez-vous?

ARMAND.

Dubois... mon garçon... regarde moi en face... là, entre les deux yeux.

STÉPHANIE.

Est-ce que nos traits sont sortis de ta mémoire?

DUBOIS.

Non... car je crois qu'ils n'y sont jamais entrés.

ARMAND.

Comment!... tu ne te rappelles pas M. Dermont?

DUBOIS.

Mon ancien maître?... le beau frère de M. Germeuil que je sers maintenant?... si fait parbleu.

STÉPHANIE.

Eh bien! ce M. Dermont n'avait-il pas deux enfans?

DUBOIS.

Sans doute... Armand et Stéphanie.

ARMAND.

Précisément... cette petite fille si gentille, qu'on appelait *Nini* ; et ce gros boulot si farceur qu'on appelait *Fanfan*...

DUBOIS.

Eh bien!...

ARMAND.

Eh bien!... c'est nous.

DUBOIS.

Pas possible!... (*Il met ses lunettes*) Attendez... eh! mais... en effet... je vous reconnais maintenant. Pardon... mais c'est qu'il y a si long temps... et vous êtes si changés depuis l'âge de quatre ans!...

ARMAND.

C'est vrai... ma sœur n'est pas trop mal, comme tu vois... et moi... un peu plus gras... mais que veux-tu?... c'est l'influence de l'emploi.... physique de comiques et de financiers.

DUBOIS.

Ces pauvres enfans!... je crois encore les voir sauter sur mes genoux.

Air: *La seule promenade.*

Quand vous étiez tous deux petits, } (bis.)
Mon Dieu ! que vous étiez gentils !

Vous demandait-on du silence ?......
C'était toujours un carillon !....
Vous mettait-on en pénitence ?
Vous brisiez tout dans la maison.....

Quand vous étiez tous deux petits, } (bis.)
Mon Dieu ! que vous étiez gentils !

Ou, pour me découvrir la nuque,
Quand par hazard je fermais l'œil,
Mettant un fil à ma perruque,
Vous l'attachiez à mon fauteuil.

Quand vous étiez tous deux petits, } (bis.)
Mon Dieu ! que vous étiez gentils.

ARMAND.

Ah ça, dis-moi... c'est bien ici que demeure mon oncle.... sais-tu s'il est toujours irrité contre nous ?

DUBOIS.

Plus que jamais... et tenez, hier, je lui parlais de vous ; et il me répondait : « Non, je ne veux pas les voir, je ne » veux pas les connaître, qu'on ne me parle plus d'eux... » des enfans qui ont pris la comédie malgré moi... je leur » aurais pardonné cette folie, s'ils avaient eu un talent » supérieur... mais rien... pas même élèves du Conserva- » toire... ils se sont passé de mes conseils... eh bien ! ils » se passeront aussi de ma fortune... qu'ils promènent » leur médiocrité de province en province... et qu'ils me » laissent en paix.

STÉPHANIE.

Eh bien ! Armand... ne te le disais-je pas ?

ARMAND.

C'est vrai ; notre cher oncle a de la rancune... c'est contrariant... nous qui venions précisément pour nous raccommoder avec lui, et le prier de nous engager sur le théâtre dont il est principal actionnaire.

DUBOIS.

Cependant, en se mettant en colère... je l'ai vu tirer sa tabatière... pour avoir occasion de prendre son mouchoir, et d'essuyer une larme prête à s'échapper de ses yeux.

ARMAND.

Eh bien!... ce n'est pas trop mal de sa part, ça.

DUBOIS.

Dites-moi... depuis quelque temps, avez-vous fait des progrès?... avez-vous du talent ?

STÉPHANIE.

Tu m'en demandes là plus que je n'en sais.

Air : *Je sais attacher des rubans.*

> Je sais bien que dans tous les temps,
> Au devoir je serai fidèle;
> Je sais qu'à défaut de talens,
> Je montrerai toujours du zèle.
> De plaire je m'efforcerai,
> Voilà ce que je sais encore ;
> Oui..... mais hélas ! si je plairai,
> Voilà, voilà ce que j'ignore.

DUBOIS, *à Armand.*

Et vous ?

ARMAND.

Oh ! moi... c'est bien différent... je n'en sais rien non plus... pourtant...

Air : *L'hymen est un lien charmant.*

> Là bas, on m'a dit que pour moi
> On avait un peu d'indulgence,
> Que souvent avec bienveillance
> On me voyait dans mon emploi :
> J'ai de l'ardeur, j'ai du courage ;
> De zèle, je ne manque pas;
> En arrivant ici, je gage,
> Je ne craindrai pas un orage,
> Si l'indulgence de là bas
> A fait avec moi le voyage.

STÉPHANIE.

Ah! mon dieu!... j'entends la voix de mon oncle...

DUBOIS.

Diable ! comment faire?

ARMAND.

Sois tranquille... il ne nous a pas vus depuis notre enfance... ainsi il ne peut nous reconnaître.

SCÈNE III.

Les Mêmes, GERMEUIL.

GERMEUIL, *il entre, et salue Armand et Stéphanie; puis s'adressant à Dubois.*

Eh bien! du monde ici... il me semblait pourtant que je ne devais pas recevoir aujourd'hui.

DUBOIS.

Monsieur, il est vrai que... mais quand vous saurez... enfin... parce que... (*bas à Armand*) parlez-lui donc.

ARMAND.

Oui, mon onc... oui monsieur... nous sommes des amis.... des amis intimes de votre neveu, et de votre nièce.

GERMEUIL.

Ah! ah!.. en ce cas, serviteur...j'ai affaire. (*Il va pour sortir*).

ARMAND, *à part.*

Bien débuté... (*bas à Stéphanie*) Toi qui as joué quelquefois les soubrettes... trouve donc un moyen de le retenir.... car, moi, je ne sais pas dissimuler d'abord... ce n'est pas de mon emploi.

STÉPHANIE, *à Germeuil, l'arrêtant.*

Monsieur...

GERMEUIL.

Eh bien! qu'est-ce encore?

STÉPHANIE.

Ils vous aiment beaucoup pourtant... votre nièce surtout.

ARMAND.

Ah! votre neveu aussi.

GERMEUIL.

Heim... vous dites que...

STÉPHANIE.

Que leur bonheur serait de vivre avec vous... de ne pas vous quitter... et pour cela, ils auraient désiré être engagés à votre théâtre... mais d'abord vous demander votre pardon... et surtout vous embrasser... n'est-ce pas, mon frère?

ARMAND.

C'est vrai... ils nous ont même chargés de la commission... et si vous voulez bien le permettre...

GERMEUIL, *en reculant.*

C'est bon... c'est bon... je vous sais gré de l'attention.

DUBOIS.

Monsieur... avouez que voilà un procédé de leur part.

GERMEUIL.

Tais-toi... on ne te demande rien. (*A Stéphanie et à Armand*) Puisque vous avez bien voulu vous charger de leur commission, je vous prie de vouloir bien aussi vous charger de la mienne ; vous leur direz, de ma part, que je ne veux les recevoir ni dans mon théâtre, ni dans ma maison.

ARMAND, *à part.*

C'est positif, ça...

STÉPHANIE.

Pourtant, on nous avait dit qu'il vous manquait en ce moment les deux emplois qu'ils remplissent.

GERMEUIL.

Mais, mon neveu et ma nièce ne sont que des acteurs secondaires, et ne jouent presque que le vaudeville.

ARMAND.

Eh bien ! pourquoi pas, puisque c'est leur genre, et qu'il plaît en France... Je vous en prie, n'en disons pas de mal.

AIR *des Scythes.*

> Si nous devons avoir l'ame contente,
> Au noir chagrin pourquoi donc nous livrer ;
> Lorsque toujours on danse, ou bien l'on chante,
>   On n'a pas le temps de pleurer :   (*bis.*)
> Abandonnons une morgue inutile
> A nos voisins ; puisque tel est leur goût...
> Et soutenons l'honneur du vaudeville,
>   Soyons Français..... des chansons avant tout.

GERMEUIL.

C'est fort bien... tout cela est encore possible : et s'ils avaient, même dans ce genre, un talent naturel...

ARMAND.

Ah ! ah !... vous tenez au naturel, à ce qu'il me paraît.

GERMEUIL.

Il ne peut y avoir de vrais comédiens sans cela.......

alors, s'ils parvenaient à me le prouver, je ne rougirais pas de les avouer... et même, je crois que je consentirais à les embrasser.

STÉPHANIE, *bas à Armand.*

Il y a encore de l'espoir.

ARMAND.

Je te devine. (*Il parle bas à Dubois.*) Tu nous aideras, mais surtout... silence.

DUBOIS.

Fort bien... je vous comprends... Vous pourrez passer par le petit escalier... Tenez, voici la clef. (*Il la lui donne.*)

GERMEUIL.

Mais, un talent vraiment naturel en province... cela ne se peut pas... ainsi ne me parlez plus d'eux.

STÉPHANIE.

Il faut donc qu'ils prennent leur parti... c'est ce que nous allons leur annoncer... pourtant, vous avez l'air si bon.

Air *des Comédiens.*

Un oncle doit avoir de l'indulgence,
Vous les avez peut-être mal jugés ;
Aussi, bientôt vous reviendrez, je pense,
De vos erreurs et de vos préjugés.

GERMEUIL.

Mais pourquoi donc me demander leur grâce ?
Quel intérêt si grand leur portez-vous ?

STÉPHANIE.

C'est que, tous deux, nous mettant à leur place,
Nous vous parlions pour eux, comme pour nous.

ARMAND ET STÉPHANIE.

Un oncle doit avoir de l'indulgence,
Vous les avez peut être mal jugés ;
Aussi, bientôt vous reviendrez, je pense,
De vos erreurs et de vos préjugés.

ENSEMBLE.

GERMEUIL.

La fermeté vaut mieux que l'indulgence,
Et j'en suis sûr, je les ai bien jugés ;
A votre tour, vous reviendrez, je pense,
De vos erreurs et de vos préjugés.

DUBOIS.

Un oncle doit avoir de l'indulgence,
Vous les avez peut être mal jugés,
Aussi bientôt vous reviendrez, je pense
De vos erreurs et de vos préjugés.

(*Armand et Stéphanie sortent*).

SCÈNE IV.
GERMEUIL, DUBOIS.

DUBOIS.

Au fait, ils ont raison... Pourquoi vouloir les juger sans les entendre ?

GERMEUIL.

Allons, ne me parle plus de cela... Aujourd'hui, j'ai à sortir, donne-moi ma canne et mon chapeau.

DUBOIS, *à part.*

Ah diable ! ceci dérangerait notre projet.

GERMEUIL.

Eh bien !...

DUBOIS.

Monsieur... c'est que, ce matin, j'ai pris sur moi la liberté de laisser entrer dans l'antichambre...

GERMEUIL.

Qui donc ?

DUBOIS.

Plusieurs personnes, qui m'ont tant prié, tant supplié de les laisser attendre, pour vous faire leurs propositions...

GERMEUIL.

Que diable as-tu fait là ?... moi, qui comptais être libre aujourd'hui.

DUBOIS.

Mais, monsieur... je n'ai pu m'en débarrasser... Vous savez bien ce que c'est que les solliciteurs dramatiques... n'en avez-vous pas tous les jours le tableau sous les yeux ?

AIR : *Du château de mon oncle.*

Du matin jusques au soir,
Dans un théâtre, il faut voir
Tout le monde s'agiter,
Intriguer, solliciter :
Employés de tous les rangs,
Jeunes, vieux, petits, et grands,
Vont trottant,
Se heurtant,
Et toujours sollicitant.

Une riche actrice
Veut un bénéfice ;
Un amoureux
Déjà vieux,
Sollicite aussi des feux.
En offrant des loges,

Pour quelques éloges ,
On sollicite un journal
Qui pourrait dire du mal.
Souvent un jeune écolier
Sollicite le portier ,
Et veut lui confier
Un gros rouleau de papier.
C'est un petit manuscrit,
En bâtarde bien écrit :
Qu'il n'a pas la faculté
D'aller lire au comité.
Ou bien, un jour de première ,
Sans façon un pauvre hère ,
Sollicite un petit verre
De l'auteur troublé. . . . .
Ou c'est un ami sincère ,
Qui sollicite un parterre,
Pour son frère
Qui , derrière
A caché sa clé.
Près d'un minois chiffonné,
Un gros milord bourgeonné
Sollicite un baiser,
Qu'on ne peut lui refuser ;
Mais tout en prenant son or ,
La belle refuse encor
Certain bien. . . . (*bis.*)
Qu'un jeune auteur a pour rien.
Le héros du lustre
Personnage illustre,
Sollicite des billets
Pour applaudir les couplets.
Ou bien une ouvreuse
Très-affectueuse ,
Sollicite de l'argent,
Pour bien placer. . . . . . un payant.
Du matin jusques au soir ,
Dans un théâtre , il faut voir
Tout le monde s'agiter,
Intriguer, solliciter :
Employés de tous les rangs,
Jeunes, vieux , petits , et grands,
Vont trottant,
Se heurtant ,
Et toujours sollicitant.

GERMEUIL.

Ah! je vois bien qu'il faut me résigner.

DUBOIS, *à part.*

Bon, il reste. (*à Germeuil*) Mais j'entends qu'on s'impatiente dans l'antichambre. (*Il va ouvrir la porte du fond, et dit à Armand :*) Entrez, entrez, M. l'invalide. (*Il sort après l'avoir introduit*).

SCÈNE V.

GERMEUIL, ARMAND, *entre deux vins, déguisé en invalide ménétrier; il a une blouse et une jambe de bois ; il tient à la main un violon et un archet.*

ARMAND, *sous le nom de Laquille.*

AIR: *J'arrive à pied de la guerre*)(de Pierre et Marie).

  Je suis le père Laquille,
  Connu par mon coup d'archet,
  Le dimanche, à la Courtille
  J'vaux un orchestre complet :
  Accourez, garçon et fille,
  Je n'prends que deux sols l'cachet. (*bis.*)

En avant deux.

  Et fron, fron, fron, (*bis.*)
  Dansez tous au son
   D'mon violon.

  (*Il joue sur la ritournelle.*)

  Deuxième couplet.

  D'puis quinze ans, j'suis invalide.
  J'vis sans troubl', sans embarras,
  Aussi gai qu'j'étais solide
  Lorsque j'allais aux combats :
  Bien souvent, ma bourse est vide,
  Mais ma gaîté n'tarit pas. (*bis.*)

Balancez à vos dames.

  Et fron, fron, fron, (*bis.*)
  Dansez tous au son
   D'mon violon.

Troisième couplet.

Vieux disciple d'Épicure,
Je connais le marchand d' vin ;
Je sais qu' sa piquette est sure ;
Mais ell' doit vous mettre en train :
Faites sauter en mesure
Les tendrons et le chagrin.   (*bis.*)

La queue du chat.

Et fron, fron, fron, (*bis.*)
Dansez tous au son
D'mon violon.

GERMEUIL.

Eh bien ! M. Laquille, vous allez sans doute me dire quel motif vous amène ?

LAQUILLE.

Volontiers... volontiers... J'ai appris, en buvant bouteille, au cabaret, ici tout près, qu'il y avait une place vacante dans votre orchestre...

GERMEUIL.

Comment ! vous voulez être musicien ?

LAQUILLE.

Juste... premier violon... si vous le permettez ; et vous verrez que j' suis d'une jolie force... et qu'à la rigueur j' peux pincer un *solo*.

GERMEUIL.

Oui... oui, sans doute... Comment donc ?... vous êtes un virtuose... Mais, pour entrer dans un théâtre... ne craignez-vous pas que votre infirmité...

LAQUILLE.

Quoi donc ?... ça ?... laissez donc, une infirmité... c'est un bienfait du ciel ; et je l'en remercie tous les jours.

Air *du vaudeville de Polichinel malgré lui.*

Des coups du sort qu'un autre s' plaigne et gronde,
En philosoph', moi, j'en ris quelquefois ;
Car je suis l'homm' le plus heureux du monde,
Et j'en rends grâce à ma jambe de bois.

Dans mon état, j' n'en suis pas moins ingambe,
Sur ma chaussur' j'ai bien moins à payer ;
Car il est clair, quand on a qu'une jambe,
Qu'on n'a besoin qu' d'un bas et d'un soulier.

Quand j'marchais trop, je m'blessais, et par force,
Il fallait bien aller chez le docteur;
Mais, maintenant que je m'donne une entorse,
Et j'n'ai besoin que d'aller chez le tourneur.

Qu'un chien furieux jett' partout l'épouvante,
Je n'suis pas mêm' de mon ch'min dérangé;
Il peut bien mordr' la jamb' que j'lui présente,
Et je n'crains pas de devenir enragé.

S'il me fallait, quelque jour, pour la France,
Voler encore à de nouveaux exploits,
Qu'un boulet vienne, il s'ra bien sot, je pense,
De n'emporter qu'une jambe de bois.

Qu' ma femm' cheux nous fasse le diable à quatre,
Qu'ell' lèv' la main pour me faire la loi;
Moi, j'lèv' le pied, et j'ai de quoi la battre,
Grâce à ma jamb', je suis maître chez moi.

Puis, dans l'hiver, lorsque souffle la bise,
Près d'mes tisons, j'vas m'réchauffer un peu;
Quand ils s'éteign', ma jambe les attise,
Et j'peux m'passer comm' ça de pelle à feu.

Bref, des saisons je brav' tous les caprices,
Avec ma jamb' je sais en triompher;
Et lorsqu'elle a d'honorables services,
J'en fais encor du bois pour me chauffer.

Des coups du sort qu'un aut' se plaigne et gronde,
En philosoph' moi, j'en ris quelquefois,
Car je suis l'homm' le plus heureux du monde,
Et j'en rends grâce à ma jambe de bois.

GERMEUIL.

Diable! je vous admire... et vous feriez un sujet précieux, si vous aviez autant d'oreille que vous avez de philosophie.

LAQUILLE.

L'oreille?... laissez donc... c'est pas encore ce qui me manque... allez... Tenez, voyez, elle est de taille... et quant aux principes, je les ai tous; et surtout la base principale: car, j'vous prie de croire, que madame *ut, re, mi, fa, sol*, est toujours dans ma poche... c'est-à-dire, que ma bouteille ne me quitte jamais. (*Il tire de sa poche sa bouteille qu'il lui montre, et qu'il y remet de suite.*) Mais, je vois à votre mine, que je n'ai pas choisi un bon moment... Eh bien! c'est bon, je reviendrai plus tard. (*Il va pour sortir, et, en se retournant, il laisse tomber son bâton.*) Repassez-moi seulement mon bambou qu'est par terre, parce que, voyez-vous, j'suis solide sur mes jambes, mais je ne puis pas m'baisser.

GERMEUIL.

Tenez, le voilà.

LAQUILLE.

Merci. (*Lui montrant encore sa bouteille.*) Voyez-vous, v'là le poison.... (*S'appuyant ferme sur son bâton.*) et v'là le contre-poison.

Air *de Préville et Taconnet.*

Quand j'ai vu l'fond de plus d'une bouteille,
Sur ce bâton, il faut bien m'appuyer;
Je l'ai coupé sur une vieille treille
Dont chaqu'automn' le raisin nourricier
D'un vin nouveau rafraîchit mon gosier.
Grâce à c't'e vign' je chemine sans peine,
Elle est l'appui de mon corps chancelant,
Et je me dis par fois, en la r'gardant :
» Il est bien juste au moins qu'son bois soutienne
» Celui qu'son fruit fit chanc'ler si souvent. »

(*Il sort.*)

SCÈNE VI.

GERMEUIL, seul.

Dans quel état le voilà... au lieu de jouer du violon, je lui conseillerais plutôt de jouer les ivrognes... il n'y serait point déplacé... Mais, qui vient encore?

SCÈNE VII.

GERMEUIL, STÉPHANIE *en amazone, une cravache à la main.*

STÉPHANIE, *à Dubois qui l'introduit.*

Tiens, voilà pour boire. (*à Germeuil*) Monsieur, j'ai bien l'honneur de vous saluer.

GERMEUIL.

Mademoiselle... je suis... (*à part*) Diable! quel air cavalier!

STÉPHANIE.

Je me nomme Rosalba.

GERMEUIL.

C'est un fort beau nom.

STÉPHANIE.

Je suis amazone, par désœuvrement ; et actrice, par inspiration... élève du Conservatoire.

GERMEUIL.

C'est fort bien... Mais, qu'y a-t-il pour votre service ?

STÉPHANIE.

Je viens vous dire de m'engager.

GERMEUIL.

Ah ! ah !... et quel emploi mademoiselle remplit-elle ?

STÉPHANIE.

Tous, et aucun.

GERMEUIL.

Voici une réponse un peu trop romantique pour moi... expliquez-vous plus clairement, je vous prie.

STÉPHANIE.

Ce qui veut dire que je n'ai jamais paru sur aucun théâtre, mais que je peux parler aussi-bien en vers, en prose, et en opéra-comique.

GERMEUIL.

Vous êtes bien heureuse..... et je serais curieux de vous entendre. Voyons, essayons d'abord la comédie.

STÉPHANIE.

Bien volontiers... faut-il prendre le ton railleur,
Le regard dédaigneux, le sourire moqueur ?

» Quelle est cette beauté, qui, les yeux vers la terre,
» Ose à peine lever sa timide paupière ?
» Que son maintien est gauche, et son air innocent !
» Dirait-on qu'elle en est à son troisième amant ?
» Grace à son éventail, au mot *je vous adore*,
» Beaucoup de gens croiraient qu'elle rougit encore.
» Mais, que fait là-bas, seul, le pauvre St-Albin ?
» Il soupire, il pâlit,... a-t-il quelque chagrin ?
» Excusez sa douleur, la chose est délicate :
» Il a manqué ce soir le nœud de sa cravatte.

Ou faut-il d'une vieille emprunter les discours,
Dussé-je en étouffer, je parlerai toujours.

» Ah ! vous voilà, voisin,.. savez-vous des nouvelles ?
» Non, vous n'en savez pas ; bon, moi, j'en sais, de belles :
» On prétend que l'enfant du vieux marchand de bas
» Ressemble à son parrain,.. mais chut, n'en parlez pas.

» Ah !.. la chaste moitié de notre apothicaire
» S'en fait, dit-on, conter par un clerc de notaire ;
» Et l'on assure aussi que le gros confiseur
» Hier a battu sa femme... Ah ! mon cher, quelle horreur !
» Mais tout cela du reste en rien ne me regarde ;
» Car, vous le savez bien, je ne suis point bavarde. »

GERMEUIL.

Fort bien... mais la comédie n'est pas le genre principal de notre théâtre... pourriez-vous, au besoin, chanter dans l'opéra-comique ?

STÉPHANIE.

J'ai pris une leçon du *Méloplaste* ; et quelquefois je m'accompagne sur mon piano.

RÉCITATIF.

AIR *des Voitures Versées*.

M'essayant quelquefois dans l'opéra comique,
Je puis mêler ma voix aux sons de la musique.

AIR : *de la Neige*.

Sur la fougère
On me voit glisser ;
Et Bergère
Simple et légère ;
Faut-il toujours danser ,
Ou valser ?
Jamais on ne peut me lasser.

AIR : *Simple, innocente et joliette*.

Ou bien, faut-il, naïve pastourelle ,
Livrer mon cœur à de tendres amours ?
Rose, (*bis*) jure d'être toujours ,
Oui, toujours (*ter*) fidèle.

AIR : *Français et Militaire* (de la Journée aux Aventures).

Ou bien, en malin page ,
Méprisant les soupirs ,
Aimer, être volage ,
Voilà tous mes plaisirs.

Les Acteurs à l'essai.

Air : *Aux bords de la Durance.*

De la triste romance
Prenant aussi l'accent,
Je chante ma constance,
Et je pleure en chantant.

Air *de Joconde* (J'ai long-temps parcouru le monde).

Ainsi, vous voyez qu'en musique,
Essayant mes faibles accens,
Je puis dans l'opéra-comique,
Parfois faire entendre mes chants;
Et franchement, moi je préfère
La musique vive et légère ;
Je suis Française et je chéris
Tout ce qui vient de mon pays.

GERMEUIL.

J'avoue que vous avez quelques dispositions; et si tout cela, chez vous, est naturel, c'est d'un bon augure pour vous.

STÉPHANIE.

Ainsi, vous consentez-donc à m'engager ?

GERMEUIL.

Non pas de suite; mais je vous promets de parler pour vous au conseil d'administration, et je vous écrirai.

STÉPHANIE.

En ce cas, voilà ma carte... au revoir.

(*Elle lui donne sa carte, et sort.*)

SCÈNE VIII.

GERMEUIL, *seul.*

Mademoiselle Rosalba... rue du Dragon...

SCÈNE IX.

GERMEUIL, ARMAND, *en savetier bossu.*

ARMAND *entre en chantant.*

Air *du Trou la la.*

J'nai pas l'sou, (*bis.*)
Et pourtant j'ris comme un fou,
J'nai pas l'sou, (*bis.*)
La richess' n'est pas l'Pérou.

J'suis content, quand j'ai du pain,
Je bois d'l'eau quand j'nai pas d'vin ;
Toujours la savatte en main,
J'ai su braver le destin.

J'nai pas l'sou, etc., etc.

Deuxième couplet.

Quand je vois un gros milord,
Qu'a le spleen, malgré son or ;
Moi, je m'ris de son ennui,
Et j'vais crier, auprès d'lui :

J'nai pas l'sou, etc., etc.

Troisième couplet.

Avant d'êt' dans le besoin,
Dans mes bott's j'avais du foin ;
Mais pour l'amour des tendrons,
Un beau jour j'mangeai mon fonds.

J'nai pas l'sou, etc., etc.

Quatrième couplet.

Quand j'irai sur l'Achéron,
Prendr' la gaillotte à Caron,
S'il m'dit : paye et j'te passerai ;
Moi gaîment j' l'y répondrai :

J'nai pas l'sou, (*bis.*)
Et pourtant j'ris comme un fou,
J'nai pas l'sou, (*bis.*)
La richess' n'est pas l'Pérou.

GERMEUIL.

Qui êtes-vous, mon ami ?

ARMAND-VIEUX-CUIR.

Jerôme-Nicolas-Vieux-Cuir, bossu par une distraction de la nature, et restaurateur de la chaussure humaine par l'injustice du sort.

GERMEUIL.

Comment !... savetier?..

VIEUX-CUIR.

Un peu... et j' m'en honore... parce que c'est un état respectable, et que j' suis philosophe.

GERMEUIL.

Je l'ignorais.

VIEUX-CUIR.

Au reste... si vous ne savez pas ce que c'est qu'un artiste en vieux cuir... je m'en vas vous l'apprendre en deux jolis couplets faits et composés par le syndic des aveugles, sur l'air des jolis soldats.

Air *des jolis Soldats.*

Premier couplet.

> Un savetier, c'est un' linotte
> Qui chante dès le point du jour,
> En race'modant soulier ou botte :
> C'est vraiment comme un troubadour. (*bis.*)
> Vient-il jaser une portière,
> Un' bonn' d'enfans, un' cuisinière ;
> Leur fair' des cancans, des caquets,
> Des calembourgs, mêm' des couplets.
> Voilà (*trois fois*) le savetier francé.

Second couplet.

> Le savetier auprès des femmes
> Est toujours aimable et galant,
> Il est le favori des dames,
> Et son fort, c'est le sentiment. (*bis.*)

Car s'il aim' le vin, l'cidr', la bière,
Il aim' mieux sa particulière,
Et ne pense qu'à ses attraits,
Quoiqu'souvent il y fass' des traits.
Voilà (*trois fois*) le savetier francé.

GERMEUIL.

Eh bien! M. le savetier français, que puis-je faire pour vous ?

VIEUX-CUIR.

J' m'en vas vous dire : il faut qu' vous saviez d'abord qu' mon domicile est rue Charlot... Aut' fois, du temps d' M. Nicolet et d' M. Audinot, l'ouvrage allait encore... all' donnait l'ouvrage... J'avais d' temps en temps l'avantage de remettre des pièces aux souliers d' ieux premiers sujets... c'était queut' fois des d'mi-semelles à l'amoureux... des clous au tyran... et une paire d'oreilles au niais... mais maintenant, que pour s' rapprocher d' la cothurne targique, ils ne portent plus que des demi-bottes... la boutique triomphe, et l'échoppe est enfoncée... aussi, u...i...ni, c'est fini d'ma pauv' profession .. Ma poix blanchit dans mon siau ; mon cuir se raccornit ; mon marteau reste stationnaire, et mon alène est étouffée sous le poids de l'inaction.

GERMEUIL.

Mais enfin, où voulez-vous en venir ?

VIEUX-CUIR.

Ah ! vous allez le savoir... Heureus'ment, comme j'avais l'honneur de vous en faire part tout à l'heure, que je suis philosophe... et j'm'ai dit comme ça : « Mon bonhomme, puisque l' destin t' fait des farces, faut te r'biffer... j'ai réalisé l'étalage, et j'ai mis la clé sous la porte... sans payer mon terme ; car, Dieu merci, la maison est à moi... mais, en revanche, j'ai payé tous mes créanciers... c'est-à-dire, la fruiquière, l'épicier, l' boulanger, l'herboliste et le perruquetier... cinquante-cinq sols en tout... j' dois pas un liard, quoi !...

GERMEUIL.

Fort bien... Mais dites-moi tout de suite quel sujet vous attire ?

VIEUX-CUIR.

J' n'ai qu'un mot à vous dire... j'tez sur moi un coup d'œil... voyez ma figure, ma tournure, mon entournure, et mon encolure.

GERMEUIL.

Eh bien ! ensuite ?

VIEUX-CUIR.

Vous ne devinez pas ?

GERMEUIL.

Non.

VIEUX-CUIR.

Il m'est revenu, dans le quartier, en jacassant avec une figurante, qu' vous étiez chargé d'enrôler des comédiens... et je veux t'être acteur... soyez tranquille... je n' ferai pas de cuirs.

GERMEUIL.

Il y paraît.

VIEUX-CUIR.

J' jouerai tout c' que vous voudrez... l'z'amoureux, les valets, les princes et les z'héros.

GERMEUIL.

Comment ! franchement, vous voulez jouer la comédie ? mais, vous n'y pensez pas, mon brave homme.

VIEUX-CUIR.

Ah je vois c' qui vous offusque... c'est ma petite protubérance... Eh bien ! vrai, vous avez tort... moi, je n' m'en plains pas ; j'aime pas à être comme tout le monde... j' trouve ça commun... et puis, quiens, au fait... vive le rond, comme dit la chanson.

AIR : *Gai, gai, réjouissez-vous.*

Bon, bon,
Vive le rond !

Il m'enchante,
Et je le chante :
Bon, bon,
Vive le rond !
Car tout ce qu'est rond
Est bon.

C'gros financier plein d'aplomb,
Pourquoi, lorsqu'il joue un rôle,
N'est-il jamais assez drôle ?
C'est qu'il n'est pas assez rond.

Bon, bon,
Vive le rond ! etc., etc.

Quand pour charmer son ennui,
L'éternel créa le monde,
Puisqu'il fit la terre ronde,
Mon dos peut bien l'être aussi.

Bon, bon,
Vive le rond ! etc., etc.

(*Il sort.*)

SCÈNE X.

GERMEUIL, *seul*.

Ma foi, il est heureux d'être toujours d'aussi bonne humeur ; et beaucoup de gens voudraient être bossus à ce prix là... Ah ça ! mais... tous les fous de Paris se sont donc donné rendez-vous chez moi aujourd'hui.

AIR : *C'est l'amour, l'amour.*

C'est vraiment une fureur,
A Paris il n'est pas, je gage,
Une maison, un étage,
Sans auteur, acteur ou danseur.

Ici l'on voit une grisette,
Qu'on reconnaît à son maintien,
Le matin courant en cachette
Répéter chez monsieur Doyen.

Cette autre, en je ne altière,
Ce soir, jouera Didon,
Et demain, chez sa mère
Va tirer le cordon.

C'est vraiment une fureur,
A Paris, il n'est pas, je gage,
Une maison, un étage,
Sans auteur, acteur, ou danseur.

Les pièces sont faites, refaites,
Vingt fois, sur les mêmes sujets,
On met l'esprit en pirouettes,
Et les entrechats en couplets :
    On arrange, on compile,
    C'est à qui rimera ;
    Et même en vaudeville
    On a mis...... *Ouriha.*

C'est vraiment une fureur,
A Paris, il n'est pas, je gage,
Une maison, un étage,
Sans auteur, acteur, ou danseur.

SCÈNE XI.

GERMEUIL, DUBOIS.

DUBOIS, *accourant.*

Monsieur !...

GERMEUIL.

Eh bien ! qu'y a-t-il encore ?

DUBOIS.

Ce sont deux artistes étrangers très-distingués, à ce qu'ils disent.

GERMEUIL.

Très-distingués... mon dieu oui... c'est ce qu'ils disent tous.

AIR : *J'ai vu le Parnasse.*

Hélas! de tous les points du monde,
Il nous arrive des talens ;
Ici vraiment la foule abonde :
Mais je crois qu'ils perdent leur temps.
En vain l'Angleterre et l'Autriche
Chez nous voudraient se transporter ;
En talens la France est trop riche,
Pour avoir besoin d'emprunter.

DUBOIS.

Eh bien! monsieur, que faut-il leur dire ?

GERMEUIL.

Que je ne peux les recevoir.

DUBOIS.

Impossible, monsieur... les voilà.

SCÈNE XII.

Les Mêmes, ARMAND et STÉPHANIE.

(*L'un déguisé en improvisateur ; et l'autre en chanteuse, avec une mandoline en sautoir.*)

STÉPHANIE, *avec l'accent anglais.*

Venez, venez, le frère à moi... ce était ici le monsieur actionnaire dans le comédie.

ARMAND, *entrant, et prenant l'accent italien.*

Gare, que je passe... place, place au génie. (*Il salue Germeuil ridiculement et à plusieurs reprises.*)

GERMEUIL.

Monsieur, et mademoiselle, soyez les bien venus... (*à part*) que le Diable les emporte !

STÉPHANIE.

Vous voyez devant vous la mistriss Mandolina... artiste. dans le exécutement de le impromptu... mon frère à moi, il était le fameux *Stchideratatatchitchi.*

GERMEUIL.

Stchidera...

ARMAND.

tatatchitchi... grand improvisateur italien, pour la poésie et la musique dans tous les genres, et dans toutes les langues mortes ou vivantes.

GERMEUIL.

Comment, vous êtes?...

ARMAND.

Un prodige, à ce qu'on dit.

STÉPHANIE.

Si le monsieur, il le désirait, nos povons offrir à lui le petit échantillon du talent à nos.

GERMEUIL.

J'accepte volontiers... et je serais curieux de vous voir improviser.... par exemple.... un petit air.... avec des paroles.

ARMAND.

Demandez, commandez... en quelle langue voulez-vous cela? (*bas à Dubois qui se trouve à côté de lui.*) Sait-il l'anglais?

DUBOIS, *de même.*

Pas un mot.

STÉPHANIE, *qui a entendu.*

Le monsieur il avait dit, en anglais.

GERMEUIL.

Je n'ai pas dit un mot de cela... mais enfin c'est égal.

ARMAND.

Attention, Mandoline... fron, fron, la ritournelle... ma chère amie, du romantique surtout, et partons ensemble... je me charge du *tenor.*

STÉPHANIE.

Ies, ies... je savais.

AIR : *Tyrolienne des mauvaises Têtes.*

ENSEMBLE.
>What! what, it is o'clock, clock,
>' Tis o' clock for rendez-vous.
>What, what it is o' clock, clock,
>' Tis o clock for amourous.
>
>>Young veri well,
>>But old farewell,
>>Wen you are old
>>Stories pleenly told.
>
>What, wath it is o'clock, etc. etc.
>
>>My dear friend, how do you do?
>>Lam king, and a quéen asthou.
>>My new coat
>>Is paket-boat
>>Malicious at fox,
>>In her pretty box.
>
>What, what it is o'clock, clock,
>' Tis o' clock for rendez-vous.
>What, what it is o' clock, clock,
>' Tis o' clock for amourous.

ARMAND.

Eh bien! monsieur, êtes-vous content?.. d'ailleurs, pour ne vous laisser aucun doute, je m'en vais, si vous voulez bien me le permettre, vous improviser quelque chose de bien plus fort, une pièce de théâtre tout entière... un opéra-comique même, si vous voulez... paroles, et musique... donnez-moi un sujet... le premier venu.

DUBOIS.

Par exemple, LE BON ONCLE... c'est un joli titre.

GERMEUIL.

Eh bien! que dit-il donc, lui?... je n'ai pas parlé de ça.

ARMAND.

N'importe... je ne reviens jamais sur un sujet... l'étincelle électrique a déjà frappé mon cerveau... le gaz hydrogène du génie a embrasé mon imagination.

GERMEUIL.

BON ONCLE... ah çà... est-ce que par hasard?..

ARMAND.

Chut... je vais parler... m'y voici... LE BON ONCLE, opéra-comique en 3 actes, paroles et musique improvisées *per il maestro Stchideratatatchitchi*... et un peu de silence, je vous en prie. Personnages... un oncle. un neveu, et une nièce... pas davantage.. la scène se passe à Paris, dans la maison de l'oncle... comprenez-vous?

GERMEUIL.

Je crois que je commence... Continuez.

ARMAND.

ACTE PREMIER. — Au lever du rideau, le bon oncle est en colère, *agitato*... Dans l'opéra-comique, les bons oncles sont toujours comme ça. Le neveu et la nièce se présentent, *moderato*... ils sont éconduits, *prestissimo*. ACTE SECOND. — Ils emploient la ruse, *adagio*... Ils se déguisent, *andante*... on ne les reconnaît pas, *sourdine*... ils espèrent, *allegretto*... Y êtes-vous ?

GERMEUIL.

Oui... oui... allez toujours.

ARMAND.

ACTE TROISIÈME. — Le temps se couvre, *nocturne*... l'oncle commence à deviner sur la ritournelle ; alors le neveu et la nièce, ils se prosternent à ses pieds, sur le *cantabile*. (*Armand et Stéphanie tombent aux pieds de Germeuil*) L'oncle s'attendrit, en *fa dièse* ; et il finit par leur pardonner, en *mi bémol*... parce qu'un bon oncle pardonne toujours à la fin d'une pièce.

GERMEUIL, *d'un ton ferme et sévère.*

Eh bien, non ! l'oncle devine tout... mais il ne pardonne pas.

ARMAND.

Alors, ça change le dénouement.. Remontons à l'expo-

sition... L'oncle avait dit... il avait dit le bon oncle...
« Je leur pardonnerai, s'ils parviennent à me prouver qu'ils
« ont quelque naturel. »

GERMEUIL.

C'est vrai... mais suffit-il de venir seulement sous un costume différent ?

ARMAND.

Alors, c'est que mon oncle aurait préféré me voir en svetier bossu, peut-être ?

(*Il chante*).

» Voilà (*trois fois*) voilà le savetier francé.

STÉPHANIE.

Et moi, en amazone... élève du Conservatoire, et comédienne par inspiration ?

GERMEUIL.

Comment ! mes amis... c'était vous ?

ARMAND.

Moi ? du tout.

(*Il chante*).

» Je suis le père Laquille. »

DUBOIS.

Et moi, j'étais du complot.

GERMEUIL.

Allons, allons, je suis battu, je l'avoue... l'oncle pardonne, pour ne pas changer le dénouement ; et il tiendra sa promesse. Désormais, vous aurez une place dans mon théâtre, dans ma maison et dans mon cœur.

AIR *de Jeannot et Colin*.

ENSEMBLE.
{ Beaux jours de notre enfance,
Vous renaissez pour nous ;
Toujours après l'absence,
Le bonheur est plus doux.

GERMEUIL.

AIR *du vaudeville de l'Héritière.*

Qu'entre nous le passé s'oublie,
Soyez l'appui de mes vieux ans;
Désormais pour charmer ma vie,
Vous serez tous deux mes enfans.

STÉPHANIE, *au public.*

Comme lui servez-nous de père,
Et pour combler notre bonheur,
Ah! messieurs, adoptez mon frère.

ARMAND.

Ah! messieurs, adoptez ma sœur.

STÉPHANIE.

Ah! messieurs, adoptez mon frère.

ENSEMBLE:
- GERMEUIL. Adoptez le frère et la sœur.
- ARMAND. Ah! messieurs, adoptez ma sœur.
- ET DUBOIS. Adoptez le frère et la sœur.

CHŒUR.

Beaux jours de notre enfance,
Vous renaissez pour nous;
Toujours, après l'absence,
Le bonheur est plus doux.

FIN.

www.ingramcontent.com/pod-product-compliance
Lightning Source LLC
Chambersburg PA
CBHW060538050426
42451CB00011B/1773